BEI GRIN MACHT SICH IHR WISSEN BEZAHLT

- Wir veröffentlichen Ihre Hausarbeit, Bachelor- und Masterarbeit

- Ihr eigenes eBook und Buch - weltweit in allen wichtigen Shops

- Verdienen Sie an jedem Verkauf

Jetzt bei www.GRIN.com hochladen und kostenlos publizieren

Bibliografische Information der Deutschen Nationalbibliothek:

Die Deutsche Bibliothek verzeichnet diese Publikation in der Deutschen Nationalbibliografie; detaillierte bibliografische Daten sind im Internet über http://dnb.d-nb.de/ abrufbar.

Dieses Werk sowie alle darin enthaltenen einzelnen Beiträge und Abbildungen sind urheberrechtlich geschützt. Jede Verwertung, die nicht ausdrücklich vom Urheberrechtsschutz zugelassen ist, bedarf der vorherigen Zustimmung des Verlages. Das gilt insbesondere für Vervielfältigungen, Bearbeitungen, Übersetzungen, Mikroverfilmungen, Auswertungen durch Datenbanken und für die Einspeicherung und Verarbeitung in elektronische Systeme. Alle Rechte, auch die des auszugsweisen Nachdrucks, der fotomechanischen Wiedergabe (einschließlich Mikrokopie) sowie der Auswertung durch Datenbanken oder ähnliche Einrichtungen, vorbehalten.

Impressum:

Copyright © 2018 GRIN Verlag
Druck und Bindung: Books on Demand GmbH, Norderstedt Germany
ISBN: 9783668990487

Dieses Buch bei GRIN:

https://www.grin.com/document/493005

Lukas Döllerer

Aus der Reihe: e-fellows.net stipendiaten-wissen

e-fellows.net (Hrsg.)

Band 3216

Die RFID Technologie und ihre Anwendung

GRIN Verlag

GRIN - Your knowledge has value

Der GRIN Verlag publiziert seit 1998 wissenschaftliche Arbeiten von Studenten, Hochschullehrern und anderen Akademikern als eBook und gedrucktes Buch. Die Verlagswebsite www.grin.com ist die ideale Plattform zur Veröffentlichung von Hausarbeiten, Abschlussarbeiten, wissenschaftlichen Aufsätzen, Dissertationen und Fachbüchern.

Besuchen Sie uns im Internet:

http://www.grin.com/

http://www.facebook.com/grincom

http://www.twitter.com/grin_com

W-SEMINARARBEIT
AUS DEM ABITURJAHRGANG 2017/19

W-Seminar: Virtual Reality

Die RFID Technologie und ihre Anwendung

Lukas Döllerer

ABGABETERMIN: 6.NOVEMBER 2018

ERREICHTE PUNKTZAHL: 15 / 15

Inhaltsverzeichnis

                                Page

1. Einführung in die RFID-Technik   **1**

2. RFID-Systeme   **2**
    2.1. Abgrenzung zu anderen Technologien 2
    2.2. Generelle Funktionsweise 3
    2.3. Sendetechniken und Kommunikationsverfahren 3
    2.4. Energieversorgung 4
    2.5. Frequenzbereiche 5
    2.6. NFC - Nahfeldkommunikation 6
    2.7. Pulkerkennung durch Antikollisionstechnologien 6
    2.8. Transponderspeicher 7
    2.9. Bauformen und -größen 7

3. Der Bau eines RFID-Tag Lesegerätes   **7**
    3.1. Generelle Funktionsweise 8
    3.2. ATtiny85 als Rechteckwellengenerator 8
    3.3. Schwingkreis 9
    3.4. Magnetisches Feld und RFID-Tag 9
    3.5. AM Demodulation 9
    3.6. LM358 Verstärker 10
    3.7. Signaldekodierung 10
    3.8. Verwertung der Signale 11
    3.9. Bau der Hardware 11

4. Einsatz der RFID-Systeme   **11**
    4.1. Logistik und Bestandsmanagement 12
    4.2. Alltägliche RFID-Identifikation 13

5. Sicherheit und Schwachstellen   **13**
    5.1. Gesundheit 13
    5.2. Angriff 14
    5.3. Sicherheit 14
    5.4. Schutz 15

6. RFID in der Zukunft   **16**

A. Anhang   **17**
    A.1. Literaturverzeichnis 17

A.2. Nachtrag: Eingrenzende Binärbaumalgorithmen und wahrscheinlichkeitsbasierte ALOHA-Algorithmen 19
A.3. Nachtrag: ATtiny als Rechteckwellengenerator 20
A.4. Nachtrag: BC547B Transistor 21
A.5. Nachtrag: Signaldekodierung und Auswertung 22
A.6. Oszilloskop Bilder von Kapitel 3 26

Tabellenverzeichnis

2.1. Überblick über (automatische) Identifikationstechnologien[5] 2
2.2. Überblick genutzter Frequenzen der verschiedenen RFID-Typen[11] 5

3.1. EM4100 Protokoll[20] 11

Abbildungsverzeichnis

2.1. Kommunikation zwischen Reader und Transponder[8] 3
2.2. Pulkerkennung der Ladung eines LKWs[16] 6

3.1. Schaltplan des RFID-Lesegerätes[19] 8
3.2. Manchesterkodierung[20] 10
3.3. Prototyp auf Glasfaserplatine und 1,08mH Spule 11

4.1. RFID-fähige Kreditkarte[23] 12

5.1. Mögliche Angriffsstellen[10] 14
5.2. Cryptalloy RFID-Blocker[26] 15

A.1. Ablauf einer Pulkerkennung mit Binärbaumalgorithmus[29] 19
A.2. Ablauf einer Pulkerkennung mit ALOHA-Algorithmus[29] 20
A.3. TCCR0A und TCCR0B[21] 20
A.4. TOP Wert Formel[21] 21
A.5. Funktionsweise eines bipolaren NPN-Transistors[32] 21
A.6. Invertierte Rechteckwelle nach dem MOSFET über die Zeit 26
A.7. Invertierte Rechteckwelle und angeregte Schwingkreisschwingung 26
A.8. Abbildung der Spannung des Schwingkreises über die Zeit 27
A.9. Abbildung der Schwingkreisspannung und der Ausgangsspannung der Diode D1 28

A.10. Abbildung der Schwingkreisspannung mit demoduliertem Signal 29
A.11. Abbildung der AM Demodulierten Schwingung 29
A.12. Abbildung des verstärkten Signales nach erster Verstärkungsstufe und gefiltertes Signal . 30
A.13. Abbildung des Signals nach erster und zweiter Stufe 30
A.14. Abbildung des AM Demodulierten Signals und des verstärkten Ausgangssignals 31

Quellcodeverzeichnis

A.1. Funktion für die 125kHz Rechteckwellenausgabe 21
A.2. Software des ATtiny85 22

Kapitel 1.

Einführung in die RFID-Technik

Mit den Worten „Ich bleibe dabei, der neue Personalausweis ist sicher. Er ist hundertmal sicherer als alle Geschäfte, die man bisher nur mit einer PIN oder sogar ohne PIN über das Internet gemacht hat."[1] hat der ehemalige deutsche Innenminister Thomas de Maizière sich zu den Schwachstellen des 2010 eingeführten „eID" Konzepts geäußert. Die Technik des neuen „ePA", dem elektronischen Personalausweis, macht einen kontaktlosen Datenzugriff mittels integriertem RFID[1]-Chip möglich. Ein solcher Schaltkreis ermöglicht das Auslesen der gespeicherten Informationen mittels eines angelegten Magnetfeldes. Die Aussage bezieht sich jedoch nicht auf das bestehende Risiko, dass die Daten des Chips verdeckt ausgelesen werden könnten, sondern auf die Möglichkeit des Missbrauchs der angebotenen Computersoftware.[2]

Trotz solcher Schwachstellen sind heutzutage seit 2006 in jedem Reisepass und seit 2017 verpflichtend in den neuen Personalausweisen RFID-Chips integriert, welche neben den aufgedruckten Daten auch beispielsweise Fingerabdrücke speichern können[3]. Mit einem so alltäglichen und weit verbreiteten Einsatz ihrer Technik haben wohl in den 1960er Jahren die Erschaffer der „Siemens Car Identification"[4] nicht gerechnet, als sie den ersten kommerziellen, mechanischen RFID-Tag gebaut hatten. Sie legten den Grundstein für eine weitreichende Entwicklung, der bereits in den 1970er Jahren die ersten Warensicherungssysteme und schon 1973 die ersten Patente folgten. Durch neue Entwicklungen im Bereich der Halbleitertechnik wurden seitdem viele neue Anwendungsmöglichkeiten geschaffen, welche hohes wirtschaftliches Potenzial beinhalten. Anwendungsbereiche sind zum Beispiel Landwirtschaft, Logistik, Zugriffskontrolle und Warensicherung, um nur einige zu nennen.[4]

In folgender Arbeit wird ein Einblick in die Technik von RFID-Systemen geboten, ein einfaches Lesegerät für 125 kHz RFID-Chips gebaut und ein Ausblick in den alltäglichen Einsatz der Technologie und die einhergehenden Risiken der Systeme geboten.

---

[1]engl. *Radio Frequency IDentification*

Kapitel 2.

RFID-Systeme

Um eine reibungslose Zusammenarbeit der virtuellen, strukturierten Computersysteme und der unstrukturierten, chaotischen Alltagswelt zu ermöglichen, müssen reale Objekte schnell, zuverlässig und elektronisch identifiziert werden können. Damit eine Identifizierung durch Software gelingen kann, verwendet man Kennzeichen, die beispielsweise der Supermarktkasse das Erkennen der jeweiligen Produkte ermöglichen. Die RFID-Technologie übernimmt genau solche Kennzeichnungen realer Gegenstände für die digitalen Systeme. Sie ist stets eine Anwendungsmöglichkeit, jedoch kein vollkommen standardisierter und normierter Prozess. Deshalb werden im Folgenden die Grundzüge der Verfahren beleuchtet, auf denen die entwickelte Technik basiert. Im Verlauf der Arbeit werden zudem immer wieder Charakteristiken geboten, wie verschiedene Arten der RFID-Technologie grundlegend unterschieden werden können, und spezielle Beispiele vorgestellt.

2.1. Abgrenzung zu anderen Technologien

Die folgende Tabelle bietet einen Überblick über verschiedene Verfahren, die eine (automatische) Identifikation bestimmter Gegenstände oder Personen ermöglichen. Diese sind neben den im Weiteren beschriebenen RFID-Tags auch noch Magnetstreifen und Chipkarten, welche zum Beispiel in vielen Geldkarten zu finden sind. Zusätzlich werden Barcodes (auch QR-Codes), die oft auf Produkten abgedruckt sind, und biometrische beziehungsweise klartextliche Identifizierungsmöglichkeiten, welche eher personenlesbar sind, betrachtet.

System	Passives RFID-System	Aktives RFID-System	Magnetstreifen	Barcode	Klartext	Biometrie	Chipkarte
Lesereichweite	<5m	<100m	direkter Kontakt	<50cm	<1cm	geringe Distanz	direkter Kontakt
Gleichzeitiges Auslesen	+	+	X	X	X	X	X
Sichtverbindung	X	X	+	+	+	+	+
Personenlesbar	X	X	X	bedingt	+	+	X
Maschinenlesbar	+	+	+	+	+	aufwendig	+
Programmierbar	+	+	X	X	X	X	+

Tabelle 2.1.: Überblick über (automatische) Identifikationstechnologien[5]. (+: trifft zu; X: trifft nicht zu)

2.2. Generelle Funktionsweise

Ein RFID-System besteht in der Regel aus einem Lesegerät[1] und einem oder mehreren Transpondern.[2] Ein RFID-Tag setzt sich mindestens aus einer Antenne und einem Mikrocontroller zusammen. Das Lesegerät setzt sich aus einer Logikeinheit zum Verarbeiten der Daten und einer oder mehreren Antennen zusammen.[3] Über diese Antennen wird ein magnetisches oder elektromagnetisches Feld erzeugt, welches resonante, nahegelegene RFID-Tags in Schwingung versetzt. Durch die vom Lesegerät zur Verfügung gestellte Energie kann der Transponder, mithilfe eines standardisierten und festgelegten Protokolls, Daten an das Lesegerät durch eine Signalausgabe zurücksenden. Das Lesegerät empfängt das Signal durch eine Antenne und wertet es entsprechend des angewandten Protokolls aus. So können Informationen von einem RFID-Tag ohne Notwendigkeit einer direkten Sichtverbindung gelesen, aber auch teilweise auf einen solchen geschrieben werden.[6]

Im Inneren eines jeden Transponders ist ein Schwingkreis für die Signalauf- und Signalabgabe und bei passiven RFID-Tags[4] für die Stromversorgung eingebaut. Dieser hat durch die Kombination aus Kondensator und Induktor[5] eine festgelegte Schwingungsfrequenz, welche durch die Thomsonsche Schwingungsgleichung: $f = \frac{1}{2\pi * \sqrt{LC}}$ [7] berechnet werden kann. Dadurch kann der jeweilige RFID-Tag nur von Wechselfeldern mit selber oder nahezu selber Frequenz resonant in Schwingung versetzt werden.

2.3. Sendetechniken und Kommunikationsverfahren

Für die Kommunikation zwischen dem Reader und dem Transponder baut das Lesegerät ein magnetisches oder elektromagnetisches Feld auf, das sich zeitlich verändert. Für Leseverfahren mit elektromagnetischen Feldern werden ein Nah- und ein Fernfeld aufgebaut. Wobei das Nahfeld direkt durch das $\vec{E}$- und $\vec{B}$-Feld bestimmt wird und sich das Fernfeld, welches nur noch aus elektromagnetischen Wellen besteht, durch deren eigene zeitliche Änderung aufrecht erhält.[9]

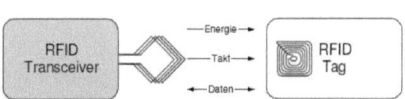

Abbildung 2.1. Kommunikation[8]

Zur Kommunikation im Bereich des Nahfeldes[6] bzw. des magnetischen Feldes wird meist das so genannte „Lastmodulationsverfahren"[7] genutzt. Dabei schaltet der Transponder, neben der benötigten Energie für den eingebauten Schaltkreis, gezielt einen Lastwiderstand zu, um den Energieverbrauch zeitlich zu erhöhen und so eine geringere Spannung im Schwingkreis zu bedingen. So entzieht der RFID-Tag dem Feld des Sendeschwingkreises des Lesegerätes mehr Energie. Das führt zu einer Amplitudenmodulation der Schwingkreisschwingung, woraus das Lesegerät die Trägerfrequenz herausfiltern und das eingebettete Signal analysieren kann.[8] Dieser Vorgang ähnelt den Vorgängen bei einem AM-Radio.[8]

---

[1] Auch: Reader.
[2] Auch: RFID-Tag(s).
[3] Wird im Weiteren auch als Spule bezeichnet.
[4] Siehe 2.4.2.
[5] Hier: im Transponder verbaute Spule.
[6] Siehe auch 2.6.
[7] Auch induktive Kopplung genannt.
[8] Anwendungsmöglichkeit in 3.4.

Für die Kommunikation im Fernfeld variiert der Transponder die Reflexionsrate der elektromagnetischen Wellen an einem eingebauten Empfangs- und Sendedipol. Die reflektierten Wellen können von dem Lesegerät empfangen und in Signale umgewandelt werden, was einen Datentransfer über weite Strecken ermöglicht. Diese Methodik nennt sich Backscatter-Verfahren.[8]

Ebenso kann durch eine kapazitive Kopplung der Datentransfer stattfinden, jedoch muss der Betriebsstrom für den RFID-Chip induktiv zugeführt werden. Außerdem ist die Lesereichweite in kapazitiven Systemen auf wenige Millimeter begrenzt.[10]

Weitere Möglichkeiten der Signalrücksendung aufgrund eines gegebenen Trägersignals sind die Frequenzmodulation (wie bei einem FM-Radio) und die Phasenmodulation.

2.4. Energieversorgung

2.4.1. Aktive RFID-Transponder

Aktive RFID-Tags beziehen den Großteil ihrer für den Betrieb nötigen Energie aus eigenständigen Quellen, wie beispielsweise Batterien.[6] Zur Kommunikation nutzt der Transponder die verbaute Sendeantenne, um die benötigten Daten zu übermitteln. Ein dauerhaftes Senden der Daten ist jedoch nicht möglich, weshalb der RFID-Transponder den Signaltransfer erst nach eingegangenem Signal des Lesegerätes startet. Es kann die Energie des Lesegerätfeldes reduziert werden und die Lesereichweite auf bis zu 100 m erhöht werden. Nachteile sind neben hohen Kosten und großer Bauformen die begrenzte Laufzeit.

2.4.2. Passive RFID-Transponder

Passive RFID-Tags besitzen keine integrierte Energiequelle und müssen die gesamte benötigte Energie aus dem elektromagnetischen bzw. magnetischen Wechselfeld des Lesegerätes gewinnen.[6] Deshalb muss nicht nur die im Lesefeld vorhandene Energie verhältnismäßig groß sein, sondern es findet auch eine Begrenzung der Lesereichweite auf etwa 5 m statt, da ein passiver Transponder nur durch Nutzung des Lesefeldes Daten übermitteln[9] und kein eigenes Sendefeld aufbauen kann.

2.4.3. Semi-aktive/ Semi-passive RFID-Transponder

Eine Zwischenlösung für RFID-Tags sind semi-aktive Transponder, die im Grunde passive RFID-Tags mit eingebauter „Stützbatterie" sind.[6] So werden RAM Speicher, aktive Sensoren, schnellere Reaktionszeiten und höhere Reichweiten möglich.

---

[9]Siehe 2.3.

2.5. Frequenzbereiche

RFID-Typ	Niederfrequenz	Hochfrequenz	Ultrahochfrequenz	Mikrowelle
Frequenzbereich	100 - 135 kHz	6,78 MHz 13,56 MHz 27,125 MHz	433,92 MHz 865 MHz (EU) 915 MHz (USA)	2,45 GHz 5,8 GHz
Lesereichweite	<1 m	<3 m	<9 m	>10 m
Datenübertragung	induktiv	induktiv	elektromagnetisch	elektromagnetisch
Lesegeschwindigkeit	langsam	mittel	schnell	sehr schnell
Beispiele	Tieridentifikation	Zugangskontrolle	Logistik	Fahrzeuganwendungen

Tabelle 2.2. Überblick genutzter Frequenzen der verschiedenen RFID-Typen[11]

2.5.1. Niederfrequenz/ LF

Im Bereich der Niederfrequenz finden sich viele, durch die Bundesnetzagentur ausgewiesene, geschützte Frequenzen, weshalb sich der RFID-Funk vor allem auf den Frequenzbereich von 125 bis 134 kHz konzentriert. Transponder dieser Bauart bieten zwar nur geringe Datenraten und Lesereichweiten, eignen sich jedoch gut für den Einsatz in feuchten und metallischen Umgebungen. Dadurch findet sich der 125 kHz Standard in vielen industriellen Umgebungen, aber auch in Anwendungsbereichen der Zugangskontrolle, Tieridentifikation und Lagerhaltung wieder.

2.5.2. Hochfrequenz/ HF

Hochfrequente RFID-Systeme kommunizieren momentan am häufigsten auf einer Frequenz von 13,56 MHz, die als ISM-Band weltweit für fast jegliche Anwendungen frei ist.[12] Die Transponder dieser Frequenz unterscheiden sich gegenüber niederfrequenten Chips durch ihre höhere Lesereichweite und die Möglichkeit des Einbaus von Mikrocontrollern, welche Aufgaben wie zum Beispiel Verschlüsselung übernehmen können. Solche Transponder werden dann auch gerne als Smart Cards bezeichnet, da sie durch die höhere Taktfrequenz der Prozessoren weitreichendere Aufgaben erledigen können und so eine sicherere Alternative zu niederfrequenten Zugangskarten darstellen. Ein Nachteil dieser Bauart ist ihre Empfindlichkeit gegenüber metallischen Objekten und ihr höherer Preis.

2.5.3. Ultrahochfrequenz/ UHF

Im Gegensatz zu den oben besprochenen Frequenzbereichen senden höher frequente Transponder die Daten nicht mehr über eine induktive Kopplung im Nahfeld des Lesegerätes, sondern zum Beispiel über das Backscatter-Verfahren.[10] So tritt zwar an vielen Hindernissen eine Dämpfung des Signals auf, jedoch sind durch die höhere Frequenz auch höhere Sendeleistungen zugelassen, die eine höhere Lesereichweite bewirken. Transponder können so wesentlich kleiner gebaut werden, wodurch sich der Einsatz in Logistik und Lagerhaltung anbietet.

---

[10]Siehe 2.3.

2.5.4. Mikrowelle/ SHF

Im Frequenzbereich der Mikrowelle treten die gleichen Probleme wie bei der ultrahochfrequenten Übertragung auf, jedoch gibt es hier trotz der hohen möglichen Lesereichweiten noch keine ausgeprägten Standards.[13] Trotzdem finden Mikrowellenchips in speziellen Bereich ihre Anwendung wie zum Beispiel der Geschwindigkeitsmessung mittels Doppler-Effekt.[6]

Normierung durch ISO/IEC 18000

Durch die ISO/IEC 18000 Norm[11] werden die genannten Luftschnittstellen für RFID-Systeme festgelegt. So finden sich Regelungen für Niederfrequenz in Teil 2, Hochfrequenz in Teil 3, Superhochfrequenz in Teil 4 und Ultrahochfrequenz in Teil 6. Bestimmungen zu allgemeinen und speziellen Anwendungen von RFID-Systemen sind in zahlreichen weiteren Normen festgelegt.[14]

2.6. NFC - Nahfeldkommunikation

Die NFC[12] Technologie ist ein internationaler Standard, der basierend auf der Technik von RFID-Systemen einen kontaktlosen und sichereren Austausch von Daten zwischen zwei Geräten ermöglicht. Hierbei bauen zwei kommunizierende Geräte sich abwechselnde Magnetfelder auf, welche auf der Frequenz von 13,56 MHz[13] eine Datenübertragungsrate von maximal 424 kbit/s über eine Distanz von wenigen Zentimetern ermöglichen. Im Gegensatz zu klassischen RFID-Transponderdaten können auch Bilder und ganze Texte übertragen werden. Ein Datenaustausch ist auch zwischen einem aktiven Lesegerät und einem passiven Transponder, wie zum Beispiel einer Kreditkarte, möglich. Der Standard wird nach aktuellen Schätzungen[15] bereits 2020 in 90% der mobilen Endgeräte verbaut werden und findet beispielsweise in Zahlungsverkehr und Zugtickets Verwendung.[6]

2.7. Pulkerkennung durch Antikollisionstechnologien

Um einer Überlagerung bzw. Kollision der Antwortsignale gleichzeitig angesprochener Transponder vorzubeugen werden Antikollisionstechnologien verwendet. In den meisten Fällen wird das TDMA[14]-Verfahren verwendet, bei dem die Lesezeit systematisch zwischen den Tags aufgeteilt wird. Durch Algorithmen wie unter dem Nachtrag A.2 gezeigt, können mehrere Transponder an einem Ort (ein Pulk) nahezu gleichzeitig ausgelesen werden. Da durch frühere Antikollisionsalgorithmen jedoch oft beispielsweise Seriennummern erkannt werden konnten, sind die in Nachtrag A.2 ge-

Abbildung 2.2. Pulkerkennung der Ladung eines LKWs[16]

---
[11]Titel: Information technology – Radio frequency identification for item management.
[12]Near Field Communication
[13]Siehe 2.5.2.
[14]Time Division Multiple Access

zeigten Verfahren Weiterentwicklungen der ursprünglichen gleichnamigen Algorithmen, da diese große Sicherheits- und Effizienzmängel aufgewiesen haben.

2.8. Transponderspeicher

Durch Kombination verschiedener Speichergrößen und -technologien können verschiedene Eigenschaften der Transponder festgelegt werden. Die so genannten 1-Bit-Transponder werden in EAS Systemen[15] verwendet. Sie speichern nur, ob ein Chip vorhanden ist oder nicht[17]. Eine Erweiterung der Speicherkapazität bieten Read-Only-Transponder, welche eine unveränderbare UID[16] oder Seriennummer auf ihrem Microchip gespeichert haben. Diese Chips senden durchgehend Signale, sobald der Transponder mit genug Strom versorgt wird. Solche RFID-Tags werden vor allem für eindeutige Objektidentifikation genutzt.[6]

Transponder mit der Fähigkeit eines veränderbaren Speichers werden Read-Write-Transponder genannt und basieren meist auf einer von drei der folgenden Speichertechniken. Ein EEPROM[17] Speicher wird meist bei passiven Tags eingesetzt, da er zum Erhalten der gespeicherten Daten keinen Strom benötigt. Eine etwas schnellere Alternative stellt ein FRAM[18] dar, welcher auch keine permanente Stromversorgung benötigt und Daten schneller schreiben und abrufen kann. Dieser Typ hat sich jedoch bis jetzt auf Grund des höheren Preises noch nicht durchgesetzt. Ein SRAM[19] Speicher bietet den Vorteil sehr große Datenmengen speichern und in kurzer Zeit auch wieder abrufen zu können, benötigt jedoch für den Erhalt der Daten eine permanente Stromversorgung. Deshalb muss in diesen Systemen auf eine Stützbatterie zurückgegriffen werden.[6]

2.9. Bauformen und -größen

Die Bauform und -größe der RFID-Chips wird vor allem durch die Kommunikationsfrequenz, also der Form und Größe der Antenne und den zusätzlichen Funktionen bestimmt[18]. Der eingebaute Mikrochip, welcher neben dem Senden und Empfangen auch zum Beispiel die Verschlüsselung übernehmen kann, ist in der Regel sehr klein (< 1 mm). Durch zusätzliche Bauteile wie eine Stützbatterie oder weitere Sensoren und durch den Einsatzzweck kann die Baugröße der RFID-Transponder stark variieren. Auch verschiedene Antennenarten wirken sich auf die Bauform und -größe aus. So reichen die verschiedenen Bauformen von großen, stabilen RFID-Transpondern zur Identifikation von Schiffscontainern, bis hin zu sehr kleinen, druck- und waschbaren RFID-Tags in Kleidung und an Lebensmitteln.

---

[15]Electronic Article Surveillance
[16]Unique Identification Number
[17]Electrically Erasable Programmable Read-Only Memory
[18]Ferroelectric Random Access Memory
[19]Static Random-Access Memory

Kapitel 3.

Der Bau eines RFID-Tag Lesegerätes

3.1. Generelle Funktionsweise

Um einen RFID-Tag Reader zu bauen sind verschiedene Komponenten, die bereits in Kapitel 2 beschrieben wurden, erforderlich. Folgender Bauplan für ein 125 kHz RFID-Tag Lesegerät wird in den nächsten Sektionen Schritt für Schritt beschrieben.

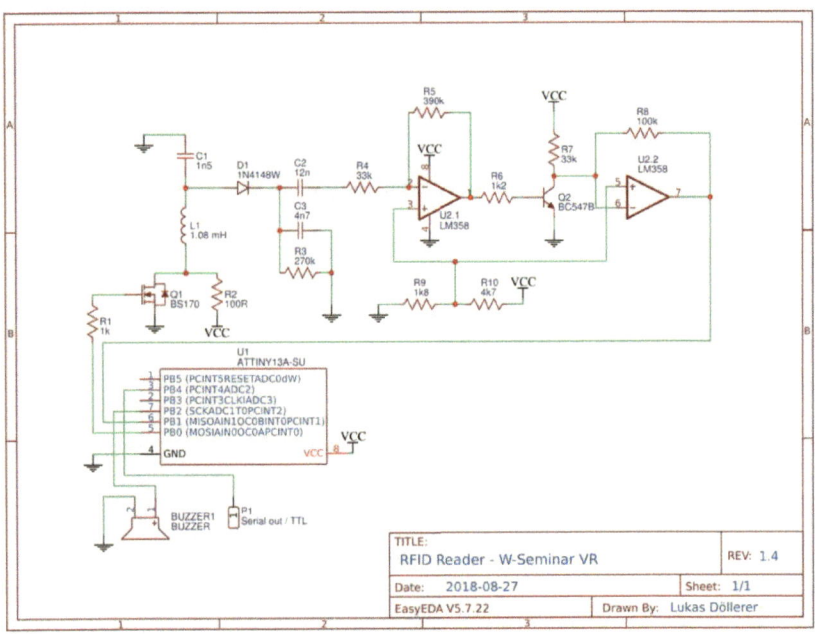

Abbildung 3.1. Schaltplan des RFID-Lesegerätes
Auf Grundlage eines Projekts von Vassilis Serasidis[19].

3.2. ATtiny85 als Rechteckwellengenerator

Um ein magnetisches Wechselfeld mit einer Frequenz von 125 kHz aufzubauen wird eine so genannte Erregerfrequenz benötigt. Im Falle dieses Lesegerätes wird diese Taktfrequenz von dem Mikrocontroller generiert, indem dieser einen seiner integrierten Timer verwendet. Die genaue Programmierung und Funktion wird in dem Nachtrag A.3 erklärt. Das Resultat ist eine Rechteckwelle, die von dem ATtiny Pin PB0 ausgeht und in Abbildung A.6 dargestellt ist.

3.3. Schwingkreis

Bei dem verwendeten Schwingkreis handelt es sich um einen RLC-Serienschwingkreis, welcher sich aus der Spule L1 mit 1,08 mH[1] Induktivität, dem Kondensator C1 mit 1,5 nF[1] Kapazität und dem Widerstand R2 beziehungsweise dem internen Widerstand von Q1 zusammensetzt. Die Kombination der Bauteile ergibt nach der Thomsonformel[2] eine Resonanzfrequenz von 125 kHz.

Damit ein magnetisches Wechselfeld durch die Spule des Lesegerätes aufgebaut werden kann, muss die Erregerspannung an den Schwingkreis angelegt werden. Da der ATtiny85 mit seinem internen Timer durch die für die Spule benötigte Stromstärke stark beschädigt werden würde, wird dessen Signal nur für das Umschalten der Erregerspannung verwendet. Die oben erzeugte Rechteckspannung wird also durch einen 1 kΩ Widerstand, der vor einem Kurzschluss schützt, in den MOSFET Q1 geleitet. Dieser elektronische Schalter beinhaltet bei geschlossenem, also ungeschaltetem Zustand einen nahezu unendlichen Widerstand zwischen dem angelegten Minuspol und dem einen Ende des Schwingkreises. So kann ein Strom von dem Pluspol (VCC) in den Schwingkreis fließen. Trifft nun ein Wellenberg der Rechteckspannung auf den MOSFET sinkt der Widerstand zwischen Minuspol und Schwingkreis so stark ab, dass der Strom nicht mehr von dem Pluspol in den Schwingkreis, sondern nur noch durch den MOSFET in den Minuspol fließen kann. Dadurch wird auch das anliegende Ende des Schwingkreises mit dem Minuspol verbunden. Es entsteht also eine gedämpfte und weiter erregte Schwingung im Schwingkreis, die im Vergleich zu der Erzeugerwelle invertiert ist. (Vgl. A.7 und A.8)

3.4. Magnetisches Feld und RFID-Tag

Die Kommunikation des RFID-Tags mit dem Lesegerät erfolgt wie in Kapitel 2 bereits erklärt durch gezielte Laständerung des Transponders auf das magnetische Feld, welches in diesem Aufbau den Induktor L1 umgibt. Wird also ein RFID-Tag in Lesereichweite mit genug Strom versorgt, entzieht er dem magnetischen Feld in bestimmten Abständen Energie, wodurch eine Amplitudenänderung der Schwingung des Schwingkreises entsteht.

3.5. AM Demodulation

Um die Amplitudenänderung durch den Transponder in logische Signale umzuwandeln, findet eine AM[3] Demodulation statt. Die Diode D1 (siehe Abbildung 5.2) lässt den Strom nur in Richtung C2 fließen und sperrt, wenn der Strom in die andere Richtung fließen möchte. So wird der Kondensator C3 während

---
[1]Für die Berechnung der Resonanzfrequenz benötigt.
[2]Siehe 6.
[3]Amplitude Modulation

den positiven Spannungswerten der Schwingkreisschwingung aufgeladen. Bei negativen Spannungen an D1 fließt die Spannung von C3 über R3 schnell ab, wodurch an C2 eine Art der Gleichspannung anliegt, welche den Amplitudenverlauf des Schwingkreises abbildet.[4] Um die Signale auf das logische Level des Mikrokontrollers von etwa 3 V zu bringen, filtert C2 den Gleichspannungsanteil (etwa 14,5 V) heraus und gibt eine Wechselspannung mit geringer Amplitude an den folgenden Verstärker weiter.[5]

3.6. LM358 Verstärker

Der hier eingesetzte Verstärker entrauscht das eingehende Signal und wandelt es in ein Mikrocontroller detektierbares um. Der LM358 Verstärker ist aus zwei Stufen gebaut, wobei die erste das Signal auf eine maximale Spannung von ca. 0,8 V verstärkt. Danach wird das Signal durch einen Widerstand an einen BC547B Transistor geleitet, dessen genaue Funktionsweise in dem Nachtrag A.4 erklärt ist. Danach liegt an der zweiten Verstärkerstufe eine Wechselspannung an, welche invertiert zu dem Ausgangssignal zwischen 0 V und 1,2 V liegt.[6] Nach der zweiten Verstärkung weist das Signal die zwei klar unterscheidbaren Logiklevel 0 V bis 1,2 V und 3 V auf, welche später von dem ATtiny85 als digitales „LOW" und „HIGH" interpretiert werden.[7]

3.7. Signaldekodierung

Durch die verschiedenen Segmente des Schaltkreises wurde bis jetzt das Antwortsignal des 125 kHz Transponders demoduliert und verstärkt. Nun ist es die Aufgabe des Mikrokontrollers das Signal entsprechend des Kodierungsschemas des RFID-Tags zu dekodieren. Der verwendete Transponder sendet die Daten mittels der Manchesterkodierung.

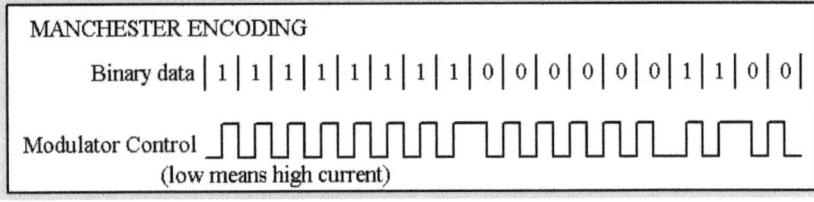

Abbildung 3.2. Manchesterkodierung[20]

Bei dieser Art der Kodierung teilt der Mikroprozessor des Transponders das Antwortsignal in gleichlange Zeitabschnitte, welche jeweils ein Bit repräsentieren. In dem modulierten Signal entspricht eine positive Spannungsänderung während eines Bits eine logische 1 und eine negative Spannungsänderung eine logische 0.

---

[4]Siehe A.9.
[5]Siehe A.11.
[6]Siehe A.12.
[7]Siehe A.13.

3.8. Verwertung der Signale

Um eine fehlerfreie Übertragung der Seriennummer des RFID-Tags zu ermöglichen, sendet der Transponder seine Daten mittels des EM4100 Protokolls. Die Datenübertragung beginnt mit 9 mal einer logischen 1, womit der ATtiny erkennt, dass nun eine neue Übertragung beginnt. Darauf sendet er immer wieder 4 Bits, gefolgt von einem Paritätsbit, mithilfe dessen die 4 Bits geprüft werden können, ob sie korrekt übertragen wurden. Nach dem Senden der Versionsnummer und der 32 Datenbits werden nochmals 4 Paritätsbits gesendet, welche zur Überprüfung der jeweiligen Spalte dienen. Zum Schluss wird eine logische 0 als Stoppsignal gesendet, woraufhin der Transponder mit dem Senden der Daten von vorne beginnt.[8] Nachdem das empfangene Signal von dem ATtiny nach dem genannten Protokoll in die einzelnen Bits dekodiert wurde, können diese in das Dezimalsystem umgewandelt werden. Die entstehende Zahl entspricht der Seriennummer, welche meist auf den 125 kHz Transponder aufgetragen ist.

Header	1	1	1	1	1	1	1	1	1
8 Bit Versionsnummer oder ID				D00	D01	D02	D03	P0	
				D04	D05	D06	D07	P1	
32 Datenbits				D08	D09	D10	D11	P2	
				D12	D13	D14	D15	P3	
				D16	D17	D18	D19	P4	
				D20	D21	D22	D23	P5	
Alle 4 Bits sind gefolgt von einem geraden Paritätsbit				D24	D25	D26	D27	P6	
				D28	D29	D30	D31	P7	
				D32	D33	D34	D35	P8	
				D36	D37	D38	D39	P9	
Spaltenparitäts- und Stopbit				PC0	PC1	PC2	PC3	S0	

Tabelle 3.1. EM4100 Protokoll[20]

3.9. Bau der Hardware

Vor dem Bau der Software[9] müssen die oben beschriebenen Schaltungen erst noch aufgebaut werden. Hierfür empfiehlt sich die Verwendung eines Prototypen Steckbretts, wovon die einzelnen Komponenten dann auf eine Glasfaserplatine übertragen und permanent verlötet werden können. Für die Stromversorgung eignen sich Spannungen, welche in dem kombinierten Toleranzrahmen des ATtiny85 und des LM385 liegen.[10] Durch höhere Spannungen wird ein stärkeres Lesefeld generiert, was zu einer größeren Lesereichweite führt.

Abbildung 3.3. Prototyp auf Glasfaserplatine und 1,08mH Spule

---

[8]Näheres in A.5.
[9]Wie in Sektion A.5 beschrieben.
[10]Dieser liegt bei etwa 2,7 V bis 5,5 V[21].

Kapitel 4.

Einsatz der RFID-Systeme

4.1. Logistik und Bestandsmanagement

Zwar ist der Barcode weiterhin die Allzweckwaffe der Logistiksysteme, jedoch stellt die RFID-Technik sich als starker Konkurrent, der durch zeitliche Optimierung und geringeren Aufwand, sowie durch größere Speicherkapazitäten punkten kann, in dem Wettrennen der Rationalisierung heraus. Auch durch Verordnungen[1] die eine Rückverfolgbarkeit der Produkte erfordern, werden Logistiksysteme, die auf RFID-Transpondern basieren, immer lukrativer.[22]

Im Bereich des Warentransports finden sich geeignete Transponder in Mülltonnen, Seecontainersiegeln und Eisenbahnwägen. Mittels winziger RFID-Tags in Schrauben und Nägeln können beispielsweise Ladepaletten identifiziert werden. Auch auf Autokennzeichen[2] gibt es bereits teilweise RFID-Chips, welche zur Mautberechnung und Zugangskontrolle genutzt werden können. Autonome Fahrzeuge können mithilfe von im Boden eingelassenen Transpondern vorgegebene Wege erkennen und befahren. Auch in der Textilbranche werden immer mehr spezielle RFID-Chips in Kleidungsstücke eingenäht, die das schnelle Einscannen großer Kleidungsmengen ermöglichen. Sie dienen neben der logistischen Funktion auch oft als Diebstahlsicherung. Bereits viele große Büchereien statten die geführten Bücher mit RFID-Transpondern aus, da diese ein automatisches und besonders schnelles Einlesen und Rücksortieren der ausgegebenen Artikel möglich machen.

Im Zahlungsverkehr wird bereits seit 2001 der Einbau von besonders kleinen RFID-Tags in Banknoten durch die EZB diskutiert, jedoch wurden Gerüchte über dieses Vorhaben mehrmals durch schwerwiegende Sicherheitsbedenken durch die Bevölkerung stark kritisiert. Im Gegensatz dazu sind entsprechend gekennzeichnete Kredit- und Debitkarten bereits mit RFID-Chips ausgestattet, welche das kontaktlose Bezahlen, auch ohne Eingabe eines Sicherheitsmerkmals[3], ermöglichen. Bei Arzneimitteln werden RFID-Transponder nicht nur für Echtheitskontrollen der Medikamente, sondern auch für das Sammeln der Temperaturdaten während des Transportes, verwendet.[24]

Abbildung 4.1. RFID-fähige Kreditkarte[23]

---

[1] Wie beispielsweise die EU-Verordnung Nr. 178/2002.
[2] Die so genannten e-Plate-Nummernschilder.
[3] Bei dem Paypass System des Mastercard Konzerns bis zu einem Betrag von 25 € möglich.

4.2. Alltägliche RFID-Identifikation

In dem alltäglichen Tagesablauf jedes Menschen treffen wir neben den oben bereits genannten Anwendungen der RFID-Technik noch viel häufiger auf den aktiven Gebrauch dieser. Sieht man sich einmal einen normalen Arbeitstag im Detail an, wäre dieser heutzutage ohne RFID-Systeme wesentlich umständlicher. Ob es das Auto, welches den Schlüssel nicht mehr im Schloss, sondern nur noch im Innenraum benötigt, oder die Zutrittskontrolle des Firmengebäudes ist, oft sind RFID-Chips von Nöten. Auch Stempelkarten oder Skipässe werden durch RFID-Chipkarten ersetzt. Der Zugriff auf Räume oder Maschinen wird durch die Haus-IT nur noch bestimmten Mitarbeitern durch ihre Chipkarten gestattet. In viele Haustiere werden kleine Transponder injiziert, damit diese dem Besitzer zugeordnet werden können.

Eine kontaktlose und einfache Zukunft bietet den perfekten Nährboden für neue Implementierungen der RFID-Technik. So testen bereits verschiedene Länder Supermärkte ohne Kassenpersonal, wobei die Waren nur durch besonders billige, gedruckte RFID-Transponder beim Verlassen des Geschäfts dem Einkäufer in Rechnung gestellt werden. Auch große Kleidungsgeschäfte wie C&A und Zara verwenden bereits RFID-Chips in ihren Artikeln, um die Bestandsüberwachung und den Diebstahlschutz stark zu vereinfachen. Diese Entwicklung, die ungeordnete, reale Welt mit digitalen Markern der virtuellen, technischen Welt besser zugänglich zu machen ist keinesfalls nur negativ, sollte aber immer unter einem gewissen Risikoaspekt betrachtet werden.[24]

Kapitel 5.
Sicherheit und Schwachstellen

5.1. Gesundheit

Eine beliebte Verschwörungstheorie besagt, dass RFID-Systeme durch die elektromagnetisch strahlenden Transponder gezielt den menschlichen Körper stören und sogar Krebs verursachen. Auch wenn die Auswirkungen elektromagnetischer Strahlung auf den Körper noch nicht gänzlich verstanden und erforscht wurden, kann anhand des Kapitels 2 dieser Arbeit festgestellt werden, dass sowohl aktive, als auch passive Transponder nur in dem Lesefeld eines RFID-Readers Signale senden. Diese sind meist nicht stärker als das angelegte (elektro-) magnetische Feld und nehmen mit zunehmendem Abstand zu dem Lesegerät stark ab. So ist selbst bei starken Lesefeldern, welche die landestypischen Grenzwerte einhalten, „von keinen gesundheitlichen Gefährdungen durch RFID-Systeme auszugehen"[25].

5.2. Angriff

Wie in Abbildung 5.1 zu sehen, unterscheiden sich die Angriffsmöglichkeiten durch die Position im RFID-System, welche angegriffen wird. Möchte ein Angreifer Daten aus dem System widerrechtlich ausspähen, so muss er entweder die Kommunikation zwischen Lesegerät und Transponder über die Luftschnittstelle abhören, oder den Transponder selbst mit einem gefälschten Lesegerät auslesen. Ein Angreifer kann ein RFID-System täuschen, indem er den Inhalt eines Transponders verändert[1], den Transponder von dem Trägerobjekt ablöst und so eine Identifikation verhindert, oder selbst einen RFID-Chip emuliert oder dupliziert.[2][10]

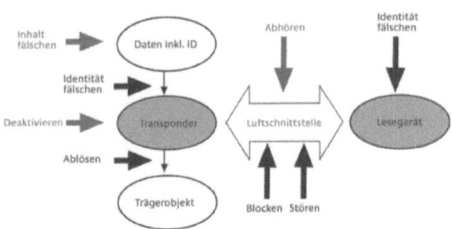

Abbildung 5.1. Mögliche Angriffsstellen[10]

Neben der Täuschung und dem Ausspähen von RFID-Anwendungen kann ein Angreifer auch auf viele Arten die korrekte Funktionsweise eines Transponders beeinträchtigen[3], wodurch ein Auslesen der Daten verhindert wird. Um den Tag am Senden der Daten zu hindern, wird dieser chemisch oder mechanisch zerstört. Außerdem kann die Stützbatterie entladen oder der Schaltkreis durch eine hohe induzierte Spannung deaktiviert werden.[4] Auch kann die Kommunikation mit dem Lesegerät verhindert werden, indem die elektrische Feldstärke im Bereich des Transponders minimiert wird, bis der RFID-Chip keine Signale mehr senden kann. Durch spezielle Geräte kann auch ein starkes Störsignal ausgesendet werden, welches das Identifizieren des Chips verhindert.[10]

5.3. Sicherheit

Um RFID-Transponder für beispielsweise die Zugriffskontrolle oder den Zahlungsverkehr abzusichern, beinhalten die verwendeten Transponder Mechanismen, welche die in der vorherigen Sektion aufgezeigten Angriffsmöglichkeiten eingrenzen oder verhindern. Für eine sichere Datenübertragung ist die gesicherte Authentizität von Lesegerät und Transponder entscheidend, da nur so ein möglicher Ausspäher oder Täuscher auffliegen kann. Hierzu bieten RFID-Chips eine weltweit einmalige Identifikationsnummer, die ihre Echtheit bestätigen soll und nicht durch Speicherzugriffe verändert werden kann. Außerdem senden viele Transponder ihre Daten erst nachdem das Lesegerät sich durch ein gespeichertes Passwort authentifiziert hat.[5][10]

Eine Möglichkeit, die abhörbare Luftschnittstelle abzusichern ist die Verschlüsselung der gesendeten Daten, die mit der gegenseitigen Authentifizierung eingeleitet wird. Auch Schwachstellen in Antikollisionsprotokollen können einem Angreifer wertvolle Informationen offenlegen, weswegen viele der betroffenen

---

[1] Das so genannte Spoofing.
[2] Hierzu zählen auch Replay-Attacken.
[3] Eine so genannte Denial of Service Attacke[10].
[4] Diese Art der Deaktivierung wird für 1-Bit-Transponder (wie in Sektion 2.8 beschrieben) an z.B. der Kasse vorgesehen.
[5] Weiterführend definiert die ISO-Norm 9798 verschiedene Challenge-Response-Verfahren, welche als Authentifizierung eingesetzt werden[10].

Protokolle bereits weiter abgesichert wurden. Um dem unberechtigten Ändern der Transponderdaten vorzubeugen wird oft nur die Seriennummer eines Read-Only RFID-Chips ausgelesen. Die weiteren Daten werden durch eine gesicherte Datenbank des Lesegerätes geliefert.[10]

Auch gegen die anderen genannten Angriffsmöglichkeiten werden stetig neue Sicherheitskonzepte erstellt, welche jedoch oft aufgrund der hohen Kosten oder umständlichen Einführung nicht flächendeckend eingesetzt werden.

5.4. Schutz

Obwohl die RFID-Technik laufend verbessert und sicherer wird, finden Angreifer immer wieder neue Schwachstellen in den Sicherheitsmechanismen. Aus diesem Grund ist es sinnvoll, beispielsweise den Personalausweis oder die Kreditkarte, welche oft schon einen integrierten RFID-Chip besitzen, vor Angreifern zu sichern.

Die größte Schwachstelle der RFID-Technologie ist der kontaktlose Zugriff auf den einzelnen Transponder, da dieser aktiviert ist, sobald ein passendes elektrisches oder magnetisches Feld angelegt ist. So ist die einfachste Schutzmöglichkeit, passende Felder vor dem RFID-Tag zu blockieren. Hierfür bestehen mehrere Möglichkeiten. Die möglichen Eigenanfertigungen der RFID-Blocker aus Aluminium, Kupfer oder Zink sind kostengünstig und einfach herzustellen, bieten aber nicht den optimalen Schutz, da sie die Felder zwar schwächen, jedoch nicht auslöschen und so besonders starke Lesefelder weiterhin die Transponder auslesen können.

Abbildung 5.2. Cryptalloy RFID-Blocker[26]

Eine sichere Lösung sind TÜV geprüfte Speziallegierungen, wie beispielweise Cryptalloy[27], die flexibel, dünn und leicht sind, und für eine komplette Auslöschung der Felder sorgen. Durch den Foliencharakter der Materialien können Karten und Ausweise umschlossen werden, oder auch Geldbeutel mit einem integrierten Schutz versehen werden.[28]

Kapitel 6.

RFID in der Zukunft

Betrachtet man zusammenfassend die Vorteile der RFID-Systeme und die einhergehenden Risiken, stellt sich die RFID-Technologie als wesentlicher Bestandteil einer digitalisierten Zukunft heraus. Ohne eine vergleichsweise leistungsstarke Identifikationstechnologie wären viele Dinge heute, aber auch morgen nicht möglich.

Auf Basis meiner Recherchen zum Thema RFID komme ich zu dem Schluss, dass die Vorteile der Transpondertechnik, die verringerbaren Risiken überwiegen. Dadurch erweist sich die RFID-Technologie als durchdachtes Konzept, welches in Zukunft eine reibungslose Kommunikation der virtuellen Systemwelt mit der realen Welt ermöglicht. Trotzdem dürfen auf keinen Fall die möglichen Sicherheitsrisiken außer Acht gelassen werden, da eine flächendeckende Implementierung der Technologie sonst eine Gefahr für den Datenschutz und die Privatsphäre der Menschen darstellt. Auch der tatsächliche Nutzen, bestimmter Einsatzmöglichkeiten, muss im Voraus entschieden und kritisch diskutiert werden, um eine exzessive Nutzung zu unterbinden.

Wenn entsprechende Sicherheitsvorkehrungen getroffen werden ist es weiterhin wichtig, die Gesellschaft für einen Umgang mit der Technik zu sensibilisieren. Durch zahlreiche fehlleitende Informationskampagnen wurden RFID-Lösungen in der Vergangenheit als unsicher und bedrohlich dargestellt. Trotz der teilweise gegebenen sachlichen Korrektheit der Aussagen, kommen Aspekte wie Lösungsansätze für die aufgetretenen Probleme oder die Relevanz der Systeme in der Zukunft meist in der Berichterstattung zu kurz. Daher finde ich es wichtig, über die Folgen und die Möglichkeiten der RFID-Technologie entsprechend aufzuklären und den sicheren Einsatz in geeigneten Umgebungen zu ermöglichen. Trotzdem muss die Verbreitung der Transponder kontrolliert werden, um eine effektive Schadensbegrenzung bei möglichen Angriffen zu schaffen.

So stellt die RFID-Technologie den nächsten Schritt einer Entwicklung dar, welche die Mensch-Maschine-Interaktion konsequent vereinfacht. Wo früher Taster und heute Touchscreens der manuellen Identifikation bestimmter realer Gegenstände dienten, kann in Zukunft durch neue RFID-Transponder die nächste Entwicklungsstufe in der Zusammenarbeit zwischen Mensch und Maschine eingeleitet werden. Eine reibungslose Interaktion der virtuellen Programme und der chaotischen, realen Welt ist zwar im Moment weiterhin eine utopische Vorstellung, jedoch stellt die RFID-Technik ein nicht zu unterschätzendes Bindeglied in der Entwicklung dar.

Anhang A.

Anhang

A.1. Literaturverzeichnis

[1] M. Lutz und U. Müller. (2010). De Maizières Perso ist nur bedingt einsatzbereit, Adresse: https://www.welt.de/politik/deutschland/article11378753/De-Maizieres-Perso-ist-nur-bedingt-einsatzbereit.html (besucht am 31.05.2018).

[2] K. Biermann. (2010). Wenn die Identität weg ist, Adresse: https://www.zeit.de/digital/datenschutz/2010-09/ccc-npa-ausweis (besucht am 31.05.2018).

[3] C. Grünwald. (2018). Änderung beim Personalausweis: Verpflichtende Nutzung der eID-Funktion, Adresse: https://www.datenschutz-notizen.de/aenderung-beim-personalausweis-verpflichtende-nutzung-der-eid-funktion-5718601/ (besucht am 01.06.2018).

[4] T. Kröner. (2013). Geschichte der RFID-Technologie, Adresse: http://www.fml.mw.tum.de/moodle/mod/page/view.php?id=278 (besucht am 31.05.2018).

[5] P. D.-I. D.-W.-I. W. A. Günthner. (2011). Technikleitfaden für RFID - Projekte, Adresse: http://www.fml.mw.tum.de/rfid2/images/Dowloadportal/RFID-AZM_Technikleitfaden.pdf (besucht am 01.09.2018).

[6] K. Finkenzeller, *RFID Handbuch, Grundlagen und praktische Anwendungen von Transpondern, kontaktlosen Chipkarten und NFC*. Hanser Verlag GmbH & Co. KG, München, 2008, ISBN: 978-3446412002.

[7] L. Papula, *Mathematik für Ingenieure und Naturwissenschaftler*, Ser. 1. Vieweg, Teubner, 2009, Bd. 12, ISBN: 978-3-8348-0545-4.

[8] Prof. J. Plate. (2016). Radio Frequency Identification Device - RFID, Adresse: http://www.netzmafia.de/skripten/hardware/RFID/rfid-grundlagen.html (besucht am 30.06.2018).

[9] Uni-Kassel. (2010). Elektromagnetische-Wellen, Adresse: https://www.uni-kassel.de/fb10/fileadmin/datas/fb10/physik/oberflaechenphysik/exp2/Lehre/ExpPhysII/Elektromagnetische-Wellen.pdf (besucht am 30.06.2018).

[10] Bundesamt für Sicherheit in der Informationstechnik. (2004). Risiken und Chancen des Einsatzes von RFID-Systemen, Adresse: https://www.bsi.bund.de/SharedDocs/Downloads/DE/BSI/ElekAusweise/RFID/RIKCHA_barrierefrei_pdf.pdf?__blob=publicationFile&v=2 (besucht am 19.09.2018).

[11] Bundesnetzagentur. (2010). RFID, das kontaktlose Informationssystem, Adresse: https://emf3.bundesnetzagentur.de/pdf/RFID-BNetzA.pdf (besucht am 19.07.2018).

[12] Bundesnetzagentur. (2015). Funkanwendungen auf den ISM-Bändern, Adresse: https://emf3.bundesnetzagentur.de/pdf/ISM-BNetzA.pdf (besucht am 19.07.2018).

[13] M. und Johannes Driessen. (2008). RFID Übersicht, Adresse: http://www.rfid-loesungen.com/RFID_Uebersicht.htm (besucht am 04.08.2018).

[14] ISO. (2008). ISO/IEC 18000-1:2008, Information technology – Radio frequency identification for item management – Part 1: Reference architecture and definition of parameters to be standardized, Adresse: https://www.iso.org/ics/35.040.50/x (besucht am 19.07.2018).

[15] A. D. Namrta Bangia. (2017). NFC-based Mobile Ticketing, Adresse: https://nfc-forum.org/nfc-based-mobile-ticketing/ (besucht am 24.08.2018).

[16] Dipl.-Wirtsch.-Inf. M. Wäsche. (2010). Rundholz mit Antenne, Adresse: https://www.fraunhofer.de/content/dam/zv/de/documents/md8_AUGUST_tcm7-59839.pdf (besucht am 24.08.2018).

[17] Dipl.-Ing. Raasch. (2013). Elektronische Warensicherung, Adresse: https://www.itwissen.info/EAS-electronic-article-surveillance-Elektronische-Warensicherung.html (besucht am 24.08.2018).

[18] T. Kröner. (2018). Bauformen der Transponder, Adresse: https://www.rfid-journal.de/bauformen-der-transponder.php (besucht am 19.09.2018).

[19] V. Serasidis. (2013). 125kHz RFID Tag reader, Adresse: https://www.serasidis.gr/circuits/RFID_reader/125kHz_RFID_reader.htm (besucht am 08.10.2018).

[20] Priority 1 Design. (2007). EM4100 Protocol description, Adresse: http://www.priority1design.com.au/em4100_protocol.html (besucht am 01.09.2018).

[21] Atmel Corporation. (2013). Atmel ATtiny25, ATtiny45, ATtiny85 Datasheet, Adresse: http://ww1.microchip.com/downloads/en/DeviceDoc/Atmel-2586-AVR-8-bit-Microcontroller-ATtiny25-ATtiny45-ATtiny85_Datasheet.pdf (besucht am 30.05.2018).

[22] XTremeGN UG. (2006). RFID in der Logistik, Adresse: https://www.rfid-grundlagen.de/logistik.html (besucht am 23.09.2018).

[23] Z. Wilhelm. (2012). Hackerin späht Kreditkarten-Daten durch Kleidung aus, Adresse: https://derstandard.at/1326504281315/Hack-Hackerin-spaeht-Kreditkarten-Daten-durch-Kleidung-aus (besucht am 01.10.2018).

[24] C. Kern, *Anwendung von RFID-Systemen*. Springer-Verlag GmbH, Heidelberg, 2007, ISBN: 978-3-540-44478-7.

[25] G. und AIM Deutschland. (2006). RFID und Gesundheitsschutz, Adresse: https://www.euroid.com/fileadmin/img/fachartikel/MIP_Gesundheitsschutz.pdf (besucht am 05.10.2018).

[26] Stern und Schatz GmbH. (2018). RFID-Schutzhülle, Adresse: https://www.getdigital.de/RFID-Schutzhuelle.html (besucht am 23.09.2018).

[27] S. Horvath. (2014). Zertifizierungsprogramm, Adresse: https://www.cryptalloy.de/cryptalloy/zertifizierung/ (besucht am 23.09.2018).

[28] R. Siebler. (2011). RFID-Abschirmung gegen den Identitätsdiebstahl, Adresse: https://www.security-insider.de/rfid-abschirmung-gegen-den-identitaetsdiebstahl-a-312151/index3.html (besucht am 23.09.2018).

[29] T. Ubbens. (2017). RFID Radio-frequency Identification (Identifizierung über Funkwellen), Adresse: https://kompendium.infotip.de/rfid.html (besucht am 21.08.2018).

[30] MCUdude. (2018). MicroCore, Adresse: https://github.com/MCUdude/MicroCore (besucht am 30.05.2018).

[31] Microchip Technology Inc. (2018). AVR Libc Reference Manual, Adresse: `https://www.microchip.com/webdoc/AVRLibcReferenceManual` (besucht am 30. 05. 2018).

[32] P. Schnabel. (2017). Bipolarer Transistor, Adresse: `https://www.elektronik-kompendium.de/sites/bau/0201291.htm` (besucht am 31. 08. 2018).

A.2. Nachtrag: Eingrenzende Binärbaumalgorithmen und wahrscheinlichkeitsbasierte ALOHA-Algorithmen

Für einen eingrenzenden Binärbaumalgorithmus benötigt jeder Transponder eine eindeutige Seriennummer, einen binären Zufallsgenerator und einen Zähler (Vgl. Abb. A.1, r). Während dem Lesevorgang senden immer diejenigen Transponder, deren Zähler auf 0 steht, Daten. Das Lesegerät verkündet nach jedem Lesevorgang, ob es zu einer Kollision gekommen ist oder nicht. Im Falle einer Kollision erhöhen die aktiven Transponder ihren Zähler um eine Zufallszahl (0 oder 1) und Transponder im Wartemodus um 1. Ist dies nicht der Fall, werden ausgelesene Transponder deaktiviert und wartende Tags verringern ihren Zähler um 1. So senden in Slot 1 alle Transponder gleichzeitig, da sie alle mit einem leeren Zähler initialisiert werden. Also generieren alle kollidierenden Transponder eine Zufallszahl. Jene mit einer 0 senden, alle andere setzen sich in einen Wartezustand.[29] Verfährt man weiter mit genannten Regeln, wird der entstehende Binärbaum in einer Art Präorderverfahren durchlaufen.

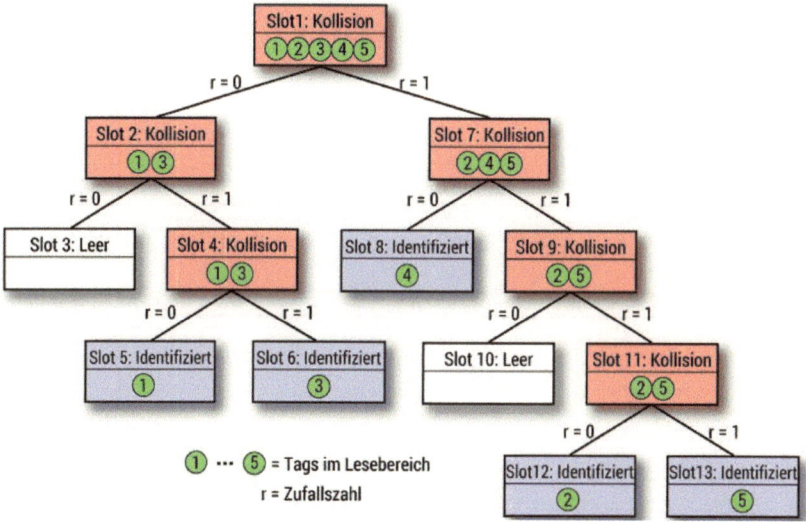

Abbildung A.1. Ablauf einer Pulkerkennung mit Binärbaumalgorithmus[29]

Bei dem in Abbildung A.2 gezeigten ALOHA-Algorithmus sendet das Lesegerät erst einen „Request" an die Transponder, welcher die Anzahl an Slots des nächsten Frames beinhaltet und Zufallszahlen mitliefert. Die Zufallszahlen werden von den Tags verwendet um einen zufälligen Slot zu finden, in dem sie ihre Seriennummer senden können. Kommt es bei dem Senden der Daten eines Transponders zu einer Kollision, sendet er seine Daten im nächsten Frame nochmals. So ist hier nicht garantiert, dass nach einer gewissen Zeit alle Transponder ausgelesen werden konnten.[29]

Downlink	Request	Frame 1				Request	Frame 2			
		Slot 1	Slot 2	Slot 3	Slot 4		Slot 1	Slot 2	Slot 3	Slot 4
Uplink			Tag 2	Koll.	Leer	Koll.		Tag 5	Koll.	Tag 3	Leer
Tag 1										
Tag 2										
Tag 3										
Tag 4										
Tag 5										

Abbildung A.2. Ablauf einer Pulkerkennung mit ALOHA-Algorithmus[29]

A.3. Nachtrag: ATtiny als Rechteckwellengenerator

Im nachfolgenden Quellcodebeispiel (vgl. Listing A.1) wird die Funktion gezeigt, die für die Ausgabe einer Rechteckschwingung mit einer Frequenz von 125 kHz am Pin PB0 des ATtiny85 sorgt. Dafür wird der integrierte Timer 0 genutzt, da er mit einer Auflösung von 8-bit asynchron zu der CPU laufen kann und somit weitere Softwareabläufe nicht beeinträchtigt.

Bit	7	6	5	4	3	2	1	0	
0x2A	COM0A1	COM0A0	COM0B1	COM0B0	–	–	WGM01	WGM00	TCCR0A
Read/Write	R/W	R/W	R/W	R/W	R	R	R/W	R/W	
Initial Value	0	0	0	0	0	0	0	0	

Bit	7	6	5	4	3	2	1	0	
0x33	FOC0A	FOC0B	–	–	WGM02	CS02	CS01	CS00	TCCR0B
Read/Write	W	W	R	R	R/W	R/W	R/W	R/W	
Initial Value	0	0	0	0	0	0	0	0	

Abbildung A.3. TCCR0A und TCCR0B[21]

Er wird von zwei 8-bit Registern angesteuert, TCCR0A und TCCR0B. Mithilfe der Stellung der Bits WGM00, WGM01 und WGM02 (vgl. Abb. A.3) auf 1 der Zählmodus in den so genannten „Fast PWM Mode" geändert wird. In diesem Modus zählt der Timer von 0 („BOTTOM") bis zu dem Wert des „Output Compare Register[s] OCR0A" („TOP"), welcher maximal 255 sein darf. Dann invertiert der Timer den Modus des Pins PB0, schaltet also ein, wenn dieser ausgeschaltet war und umgekehrt. Daraufhin wird der Timer neu gestartet. Zusätzlich werden die Bits COM0A0 und COM0B0 auf 1 gesetzt, womit die Ausgabe der „Output Compare Register" auf die Hardwarepins PB0 und PB1 geleitet wird[21, S. 77, 11.9.2][30, Pinout]. In dem Register „TCCR0B" wird durch das Bit CS00 als Taktquelle der interne 8 MHz Oszillator ohne so gennanten „Prescaler" gewählt, da so die Ausgabewelle präziser erzeugt werden kann[21, S. 80, 11.9.3]. Die jeweiligen Register werden mit der Funktion „_BV()" (vgl. Listing A.1) befüllt, welche bei dem Kompiliervorgang die eingegebenen Bits in einen Bytewert für das betreffende Register konvertiert.[31]

$$OCR0A * 2 = \frac{f_{clock}}{f_{out}}$$

Abbildung A.4. TOP Wert Berechnung[21]

Das Vergleichsregister „OCR0A" gibt den Zählerpunkt an, an dem der Timer neu gestartet und das Signal an PB0 umgekehrt wird. Da der Timer mit dem integrierten Taktgeber ($f_{clock} = 8MHz$) hochzählt, berechnet man in (A.4) die Anzahl, an „Ticks" die während der Periodendauer der Ausgabewelle vergehen. Da jedoch der Wert von „OCR0A" den Zeitraum zwischen den Spannungsänderungen beschreibt, muss man die Ticks per Periodendauer noch durch 2 teilen, um den richtigen Wert zu erhalten. Anstelle des „Fast PWM Mode" könnte hier genauso auch der so genannte „CTC Mode" verwendet werden, da beide Modi für dieses Szenario gleich funktionieren.

```
void outputWave (void)
{
  TCCR0A = _BV(WGM00) | _BV(WGM01) | _BV(COM0A0) | _BV(COM0B0);
  TCCR0B = _BV(WGM02) | _BV(CS00);

  OCR0A = 32; // = 2 * 8MHz / 125.000kHz
}
```

Listing A.1 Funktion für die 125kHz Rechteckwellenausgabe

A.4. Nachtrag: BC547B Transistor

Um die Funktionsweise des Transistors zu erklären, betrachtet man den Elektronenstrom. Wenn ein Elektronenmangel an B herrscht (siehe Abbildung 5.2), fließen Elektronen von E nach B. Außerdem fließt ein wesentlich größerer Elektronenstrom von E nach C. Herrscht nun an B kein Elektronenmangel mehr, fließen auch keine Elektronen mehr in Richtung C. Betrachtet man nun den Schaltkreis in Kapitel 3.1, so „zieht" der Pluspol (VCC) die Elektronen aus U2.2 und R8, da hier nun die einzige Elektronenquelle ist. Hier bietet sich besonders die Verwendung eines Transistors anstatt eines MOSFETs an, da nur sehr geringe Stromstärken geschaltet werden müssen.

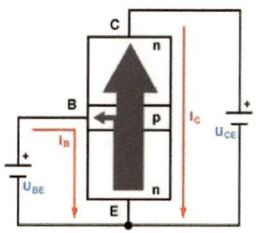

Abbildung A.5. Funktion BC547B[32]

A.5. Nachtrag: Signaldekodierung und Auswertung

Der hier gezeigte Quellcode ist das gesamte Programmcode, welcher auf dem ATtiny85 für den Wellengenerator und die Signalauswertung zuständig ist. Als Ausgabe für die ASCII-Repräsentation der Seriennummer des eingelesenen Transponders wurde eine einseitige UART TXD Schnittstelle an Pin PB4 gewählt. Für das Programmieren des Mikrokontrollers wurde die offizielle Software des Herstellers verwendet.

```
#define PWM_VALUE 38

#define WAVE_OUT PB0
#define SIGNAL_IN PB1
#define BUZZER    PB2
#define TXD       PB4

#define TIME1    17
#define TRUE      0
#define FALSE     1
#define UP        2
#define DOWN      0
#define BAUDRATE 9600       //bits per second (bps).
#define ONE_BIT_DELAY (1000000/BAUDRATE)

#include <avr/io.h>
#include <avr/interrupt.h>
#include <util/delay.h>
#include <string.h>
#include <stdio.h>
#include <stdlib.h>
#include <stdint.h>

volatile boolean new_signal = false;
volatile unsigned char overflows = 0;
volatile unsigned char pulse = UP;
unsigned char startBitCounter, i;
unsigned char dataBuffer[10]; // 10 bytes for: ID, 4 byte serial number, line parity, 4
    bytes column parity

ISR(PCINT0_vect) //is called in case of a pin state change causing an interrupt
{
    new_signal = true;
}

ISR(TIM0_OVF_vect) //interrupt triggers function when timer 0 overflows and detects
    single bits
{
  if(overflows < 255) //under 2 bits of data could have passed in this time
    overflows++;

  if(new_signal && overflows > 60) //half the time a bit of data takes to arrive, means
        there must be an amplitude change
  {
    new_signal = false;
    if(bit_is_set(PINB, SIGNAL_IN)) { //PINB is regsiter for IO Ports and SIGNAL_IN Pin
        is defined above.
```

```c
      pulse = UP; //positive amplitude change, because Signal_in Pin is now set LOW
    }
    else {
      pulse = DOWN; //negative amplitude change, because Signal_in Pin is now set HIGH
    }
    overflows = 0;
  }
  new_signal = false;
}

void outputWave (void)
{
  TCCR0A = _BV(WGM00) | _BV(WGM01) | _BV(COM0A0) | _BV(COM0B0);
  TCCR0B = _BV(WGM02) | _BV(CS00);

  OCR0A  = 32; // = 2 * 8MHz / 125.000kHz
}

int main (void)
{
  pinMode(WAVE_OUT, OUTPUT); //define Coil Pin as output for squarewave
  pinMode(SIGNAL_IN, INPUT);
  pinMode(BUZZER, OUTPUT);
  pinMode(TXD, OUTPUT);

  PCMSK = _BV(PCINT1); //enables interrupt on specific pin -> interrupt on SIGNAL_IN pin
  GIMSK = _BV(PCIE); //enables pin change interrupts on pins 1:5
  outputWave(); //start wave output.

  sei(); //enables global interrupts

  while(true){ //same as draw or loop section
    while(pulse == UP){ //triggers 9 times for leading 9 ones and so represents the
        leading logic ones
      startBitCounter++;
      _delay_us(8); //delays for exactly one full periode (1/125000)
    }

    if(startBitCounter >= 12) {// When having received a steady logic one
      if(readSerialNumber()){ //reads serial number after logic ones and checks the
          parity
        cli(); //stops global interrupts

        if((dataBuffer[1] + dataBuffer[2] + dataBuffer[3] + dataBuffer[4]) > 0) { //if
            serial number is only 0, probably is noise
          hex2Ascii(); //send serial number through TXD pin
          digitalWrite(2, HIGH); //ring the buzzer
          _delay_ms(500);
          digitalWrite(2, LOW);
          _delay_ms(500);
        }
        sei(); //enable interrupts aka be ready for next read
      }
      startBitCounter = 0;
    }
    if(pulse == DOWN) startBitCounter = 0; //no longer logic ones (because DOWNs should
        be skipped in time with the 8ms delay) so if now a down appears it must be a
        logic 0
  }
```

```
}
boolean readSerialNumber() { //reads 32-Bit serial number after 9 start bits and checks
    parity
  unsigned char pulseBackup;
  unsigned int ones;

  for(int i = 6; i <= 9; i++){ //clear the parity bit slots
    dataBuffer[i] = 0;
  }

  boolean parity = true;
  for(int i = 0; i <= 10; i++) { //2 times for version number 5 bits and 8 times for 5
      bits of data
    for(int j = 0; j <= 3; j++) { //for 4 data bits, without the parity bit
      _delay_us(1);
      pulseBackup = pulse; //backup of the pulse state given by ISR(TIM0_OVF_vect)
          Interrupt
      PORTB &= ~(1<<BUZZER); //extra delay

      dataBuffer[i / 2] <<= 1; //shift one bit to left of the dataBuffer byte
      if(pulse == UP)  //if level is logic high, so signal is UP
      {
        dataBuffer[i / 2] |= (1<<0);  //leading bit to logic 1 -> index is i / 2 because
            it groups logical pairs of two rows each slot in dataBuffer
        ones++;                       //increase ones for parity check
        dataBuffer[j + 6]++;          //increase stored column ones
      }
      else {} //logic 0 is added automatically
      PORTB &= ~(1<<BUZZER); //extra delay

      for(int k = 0; k < 7 || pulseBackup != pulse; k++){ // break after one bit length (
          full periode) or after change in signal
        _delay_us(1);
      }
    }
    //now the parity bit
    _delay_us(1);
    pulseBackup = pulse;
    PORTB &= ~(1<<BUZZER); //extra delay

    if(pulse == UP) ones++; //parity bit is one, add it to the ones, but don't add to
        data
    ones %= 2; //get whether polarity is even or odd
    if((ones != 0) && (i != 10)) //exclude the column parity bits
      return false; //parity is not right, return negative result
    PORTB &= ~(1<<BUZZER); //extra delay

    for(int k = 0; k < 7 || pulseBackup != pulse; k++){ // break after one bit length (
        full periode) or after change in signal
      _delay_us(1);
    }
  }

  for(int i = 6; i <= 9; i++){
    if((dataBuffer[6] % 2) != 0) return false; //false column parity
  }
  return true; //no false parities
}
```

```c
void hex2Ascii (void)
{
  uint32_t temp = 0;
  unsigned char i;
  char buffer[12];

  for(i=1;i<5;i++) //Get the 32-bit serial number of the Tag.
  {
    temp <<= 8;
    temp |= dataBuffer[i];
  }
  ultoa(temp,buffer,10); //Convert the 32-bit number 'temp' into ASCII string 'buffer'.

  for(i=0;i<strlen(buffer);i++)
    sendTxD(buffer[i]);

  sendTxD(0x0d);
}
void sendTxD (unsigned char txd)
{
  unsigned char bitCounter = 0;

  PORTB &= ~(1 << TXD);
  _delay_us(ONE_BIT_DELAY);
  for(bitCounter=8; bitCounter>0; bitCounter--)
  {
    if (bit_is_clear(txd, 0))
      PORTB &= ~(1 << TXD);
    else
      PORTB |= (1 << TXD);

    _delay_us(ONE_BIT_DELAY);
    txd >>= 1;
  }
  PORTB |= (1 << TXD);
  _delay_us(500);
}
```

Listing A.2 Software des ATtiny85

Grundlage für diese Betriebssoftware des ATtiny85 ist der Quellcode, welchen Vassilis Serasidis bereits für ein ähnliches Projekt entwickelt hat.[19]

A.6. Oszilloskop Bilder von Kapitel 3

Invertierte Rechteckwelle

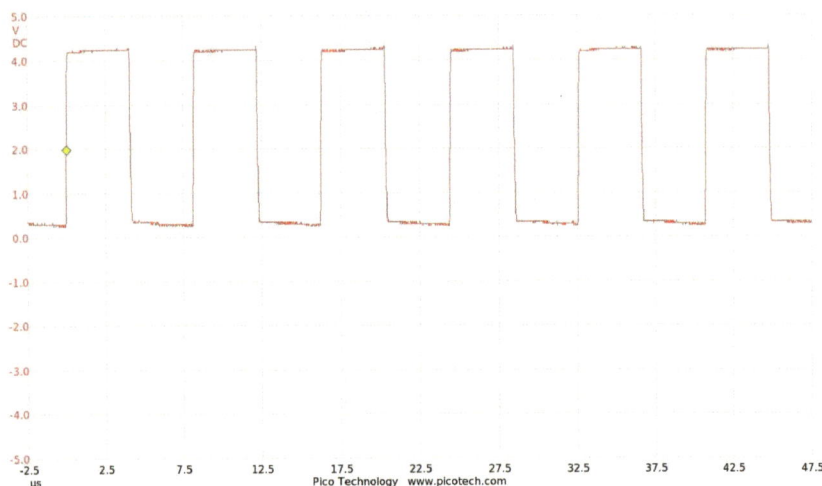

Abbildung A.6. Invertierte Rechteckwelle nach dem MOSFET über die Zeit

Invertierte Rechteckspannung mit angeregter Schwingkreisschwingung

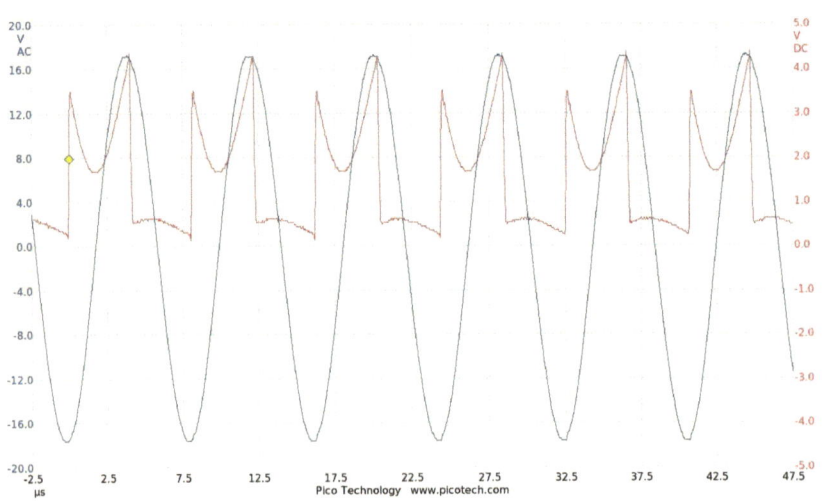

Abbildung A.7. Invertierte Rechteckwelle in Rot und dadurch angeregte Schwingkreisschwingung in Blau über die Zeit

Schwingkreis Schwingung

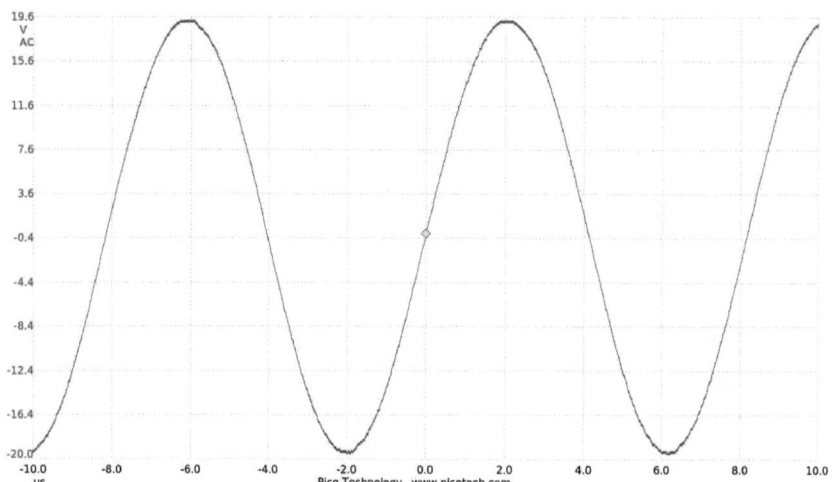

Abbildung A.8. Abbildung der Spannung des Schwingkreises über die Zeit. f = 125 kHz

Schwingkreisspannung mit Diodenausgangsspannung

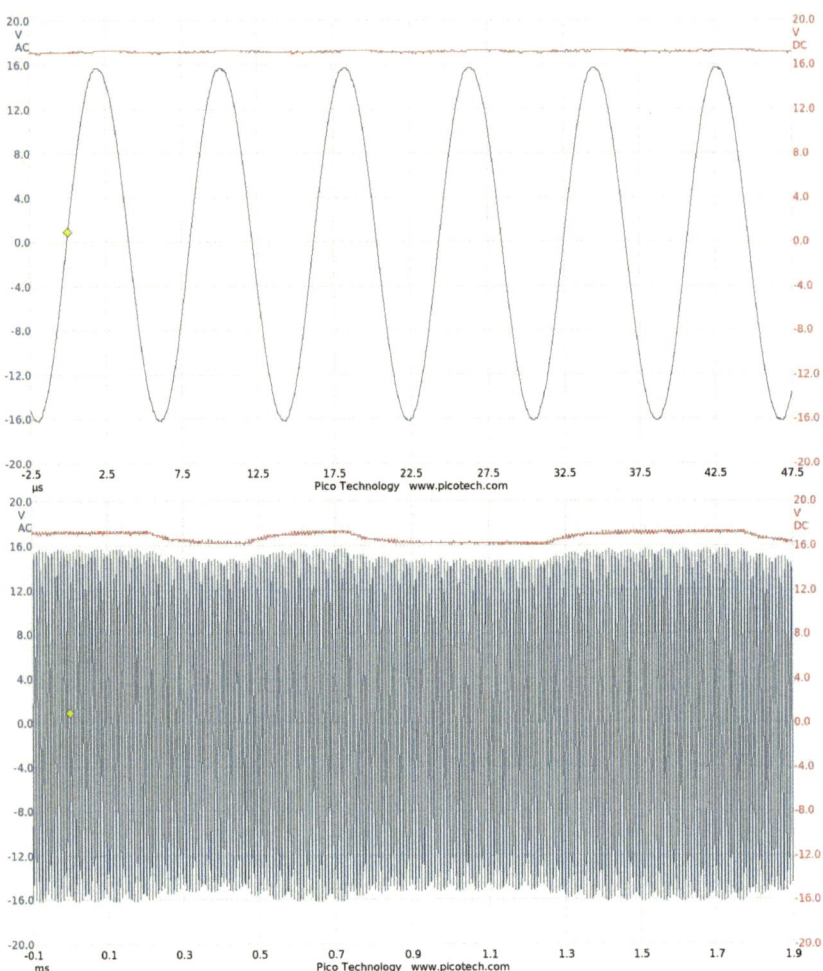

Abbildung A.9. Abbildung des Schwingkreisspannung in Blau und der Ausgangsspannung der Diode D1 in Rot über die Zeit

AM Demodulierte Welle mit Ausgangssignal

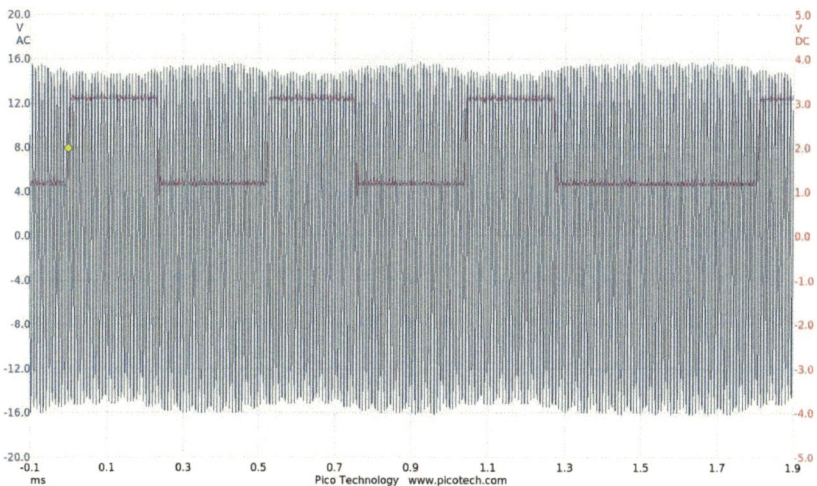

Abbildung A.10. Abbildung der Schwingkreisspannung in Blau mit demoduliertem Signal in Rot über die Zeit

AM Demodulation

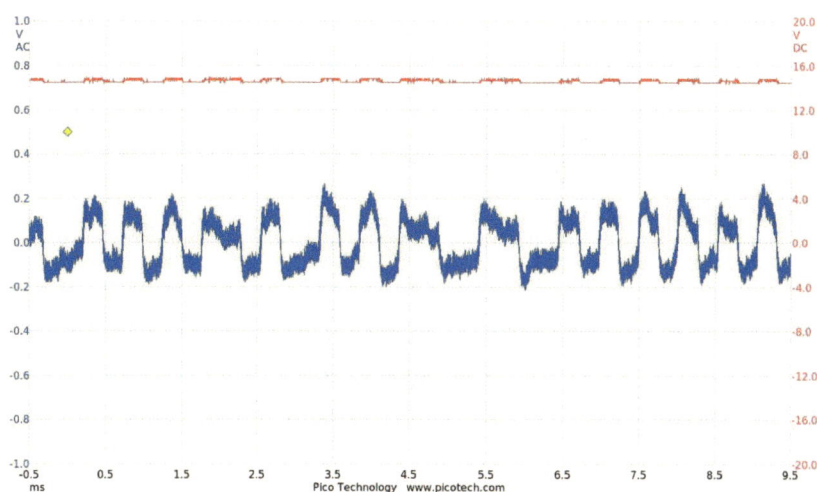

Abbildung A.11. Abbildung der AM Demodulierten Schwingung über die Zeit einer Signalübertragung. Rot: Eingang, Blau: Ausgang des Demodulators

Erste Signalverstärkung

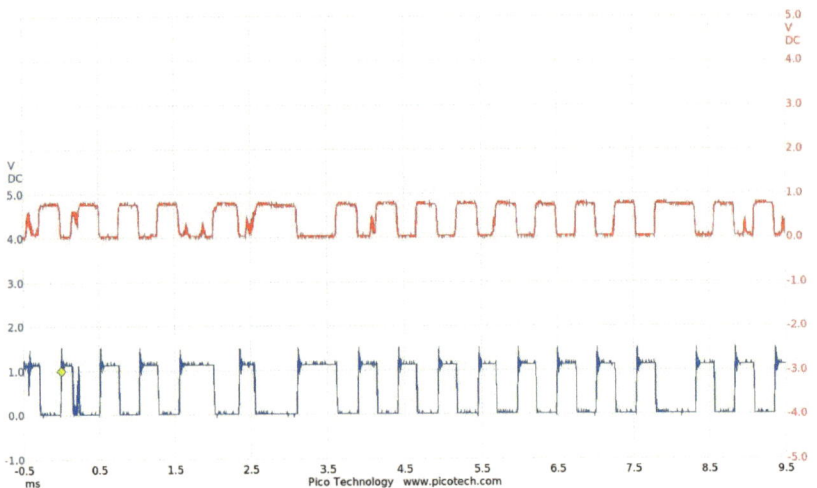

Abbildung A.12. Abbildung des verstärkten Signales nach der ersten Verstärkungsstufe in Rot und gefiltertes und invertiertes Signal in Blau

Erste und Zweite Signalverstärkung

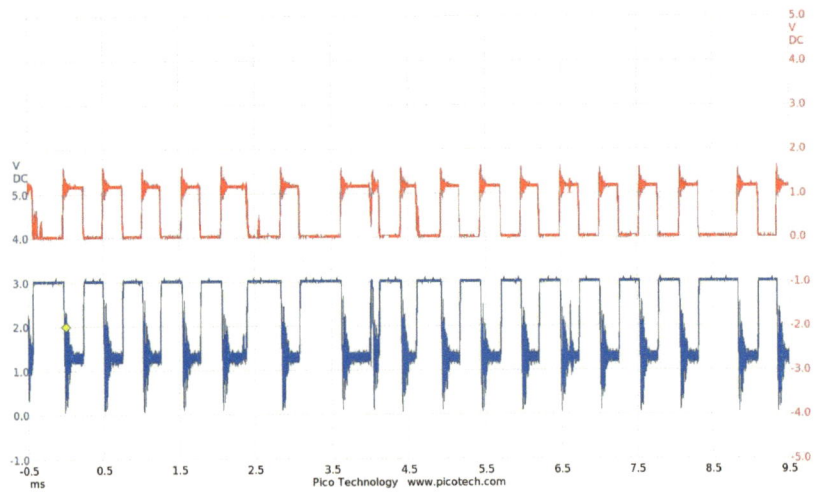

Abbildung A.13. Abbildung des Signal nach der ersten Verstärkungsstufe (nach MOSFET) in Rot und nach der zweiten Verstärkungsstufe in Blau

Signal vor und nach Verstärkung

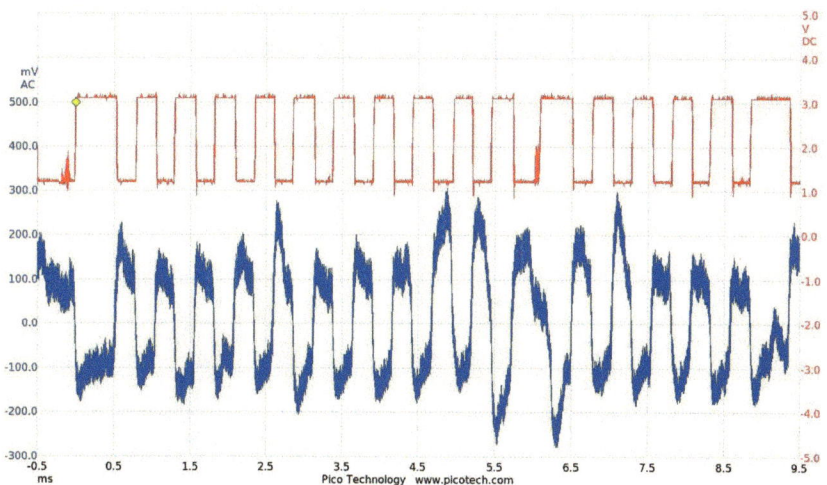

Abbildung A.14. Abbildung des AM Demodulierten Signals in Blau und des verstärkten und gefilterten Ausgangssignals in Rot

BEI GRIN MACHT SICH IHR WISSEN BEZAHLT

- Wir veröffentlichen Ihre Hausarbeit, Bachelor- und Masterarbeit

- Ihr eigenes eBook und Buch - weltweit in allen wichtigen Shops

- Verdienen Sie an jedem Verkauf

Jetzt bei www.GRIN.com hochladen und kostenlos publizieren